Text copyright © Lee Young Ran, 2016
Illustration copyright © Kang Hyo Sook, 2016
All Rights Reserved.
This Simplified Chinese edition was published by Liaoning Science & Technology Publishing House Ltd. in 2020 by arrangement with GrassandWind Publishing trought IMPRIMA KOREA.

©2020辽宁科学技术出版社
著作权合同登记号：第06-2016-44号。

版权所有·翻印必究

图书在版编目（CIP）数据

青春期的秘密日记 / (韩) 李映兰著；(韩) 姜孝淑绘；金红华译. —沈阳：辽宁科学技术出版社，2020.8
ISBN 978-7-5591-0822-7

Ⅰ. ①青… Ⅱ. ①李… ②姜… ③金… Ⅲ. ①青春期 – 健康教育 Ⅳ. ①G479

中国版本图书馆CIP数据核字(2018)第142349号

出版发行：辽宁科学技术出版社
　　　　　（地址：沈阳市和平区十一纬路25号　邮编：110003）
印　刷　者：辽宁新华印务有限公司
经　销　者：各地新华书店
幅面尺寸：170mm×240mm
印　　张：7.25
字　　数：200千字
出版时间：2020年8月第1版
印刷时间：2020年8月第1次印刷
责任编辑：姜　璐
封面设计：许琳娜
版式设计：许琳娜
责任校对：徐　跃

书　　号：ISBN 978-7-5591-0822-7
定　　价：35.00元
投稿热线：024-23284062　1187962917@qq.com
邮购热线：024-23284502

青春期的秘密日记

（韩）李映兰 著
（韩）姜孝淑 绘
金红华 译

辽宁科学技术出版社
·沈阳·

致青春期的你

　　正在看这本书的你可能已经发现自己的身体变得跟从前不一样了,也可能有人看着身边的朋友发生了变化，自己却一点儿动静没有。

　　无论怎样，都请不要担心，你很快就会变成大人的模样。就像随着季节交替，嫩绿的小芽会变成深绿色的叶子，再变成金黄色，最后被白雪覆盖一样，这是自然界的规律。

　　就是因为太自然了，人们往往容易忽视关于性的教育。性本来是一件很正常的事，但家长们总是觉得不好意思，不知道如何跟孩子们讲述，从而导致出现各种各样的问题。

　　性是一件需要每个人重视的事，性也是诞生新生命的关键，是世界上最美丽的事情。但是，生养一个新生命，绝不是简单而容易的事情，那是只有成年人才能做的。

让我们来听听书里几位小主人公的故事吧。他们的故事会帮助各位了解自己的身体,和喜欢的人建立真实的关系,积累对性的正确认知。嘘,我们正在偷看朋友们的日记,这可是个秘密哦。

李映兰

目录

01 天哪，我要变成狼人了！ 阴毛/8

02 最讨厌体育课了！乳房/16

03 喉咙里发出奇怪的尖叫声！变声期/27

04 妈妈送的可怕礼物！月经/37

05 弟弟啊，听见了吗？胎教/55

06 美丽的爱情！性关系/63

07 一切生命都是珍贵的！堕胎、流产及避孕/71

08 对我没兴趣吗？异性交际/82

09 理直气壮地告状！自慰行为/93

10 请守护我！性暴力预防法/103

01 天哪，我要变成狼人了！

阴毛

"哎呀，我正睡觉呢，干嘛叫醒我！"

"小琳啊，和妈妈一起去浴池洗澡吧。昨天家里大扫除，浑身疼死了。"

"不行，会被妈妈发现的……"

最近，小琳发现自己的身体和从前不一样了，担心得不得了，生怕被妈妈发现。

但是，看着妈妈难受的样子，她还是跟着妈妈出门了。因为如果妈妈生病了，全家都会笼罩在一片阴暗的氛围之中。

进入更衣室，小琳怕被妈妈发现，小心翼翼地脱了衣服，然后迅速用毛巾挡住了身体。进到澡堂里，小琳背对着妈妈洗起澡来。

"你不好好洗澡，在那儿干什么呢？"

小琳回头看了看妈妈，妈妈已经洗好了头发，头上裹着毛巾。小琳慌忙转过头来，因为眼睛总是不自觉地往妈妈的那个地方看，妈妈歪着头轻轻笑了：

"看来我们小琳有了什么秘密吧，让我看看……"

"嘿，妈妈你怎么能……"

"噢，怪不得今天很奇怪呢！我们小琳长大了啊！妈妈刚开始也和你一样觉得很难为情的，不过，大家都会长那个的，长出那个是有原因的。"

"真的？怪恶心的！为什么会长毛呢？"

一直愁眉苦脸的小琳叹了口气，埋怨地看了看妈妈。

♀ 成长日记

 小琳

　　唉，今天一天心里都忐忑不安。因为不知从什么时候开始，那里开始长毛了。刚开始以为自己生病了，得了那种除了眼睛、鼻子和嘴以外，全身都会长满黑毛的怪病呢！

　　瞒着妈妈在网上搜了一下，得知那种病叫"多毛症"。说是几百年里全世界只有50个人得过，是一种罕见病。我好害怕自己也得了那种病啊。有一阵子，我还梦见自己变成了狼人呢！

　　妈妈问我不洗澡在做什么的时候，我正在使劲儿拔毛呢！但是因为手指太短了，怎么也拔不下来。如果这件事被妈妈知道了，她一定会捂着肚子大笑的。

　　现在想想，幸亏没被发现啊！

🔍 真相放大镜

什么是阴毛？

在性器官和两腿之间、肛门周围长的毛叫"阴毛"，小时候是小绒毛的样子，到了青春期就会逐渐长得又长又粗糙。

为什么会长阴毛呢？

性器官是一个脆弱而敏感的身体器官，为了让它免受伤害，我们的身体会长出阴毛保护它。就像鼻毛能够阻挡和空气一起进入鼻孔的灰尘一样，阴毛也有类似的作用。

想想看，要是摔在草坪或厚实的被子上，你也许不会受伤，即使受伤，伤口也会比摔在水泥地面或碎石地面要小得多。阴毛是性器官的保镖哦！而且，阴毛还是你成为大人的重要标志之一呢！

❓ 我的好奇心

阴毛的颜色会因人而异吗?

阴毛的颜色比头发颜色暗,和眼睫毛的颜色差不多。而且阴毛的粗细和弯曲程度也因人而异。

男性和女性的阴毛也是不同的吗?

男性阴毛的毛尖朝肚脐方向生长,在肚脐周围形成锐利的三角形形状,女性的阴毛则整齐地长成矩形。

这样的差异并不是因为性器官不同,而是一种性激素——雄性激素——分泌量的不同导致的。

不仅是阴毛,雄性激素还会让腋窝、嘴唇上方、两鬓、乳头、胸前、两颊下方、胳膊、腿和肩膀等处也长出毛毛。

02 最讨厌体育课了！

乳房

体育课上，小明和小亮站在排尾，望着皱着眉拼命跑过来的小英，小声嘀咕着："嘻嘻，你看她。"

"嗯，荡来荡去，荡来荡去。"

提前跑完100米的小琳感觉到小明和小亮在说些什么，向后看了看。

小琳看到小明的手势吓了一跳，因为小明正双手握拳，在胸前上下晃动。

这时，小英用手拽着运动服的前襟，瞪着小明和小亮跑了过来。

小英跑完步，一边用紧握拳头的手擦着眼泪，一边走向小琳。

"我戴胸罩了,可胸还是鼓出来了,真是太烦人了。"

"真的?你戴胸罩了?"

"嗯,不然的话乳头就会鼓出来,妈妈说戴了胸罩就没问题了……不动的话倒是看不出来,可是只要一跑起来,乳房就上下晃动。真是的,最讨厌体育课了!"

小琳低头看了看自己的胸部,虽然不像小英那样明显,但是也尖尖地鼓出来一点儿。

"唉,我马上也要戴胸罩了吧?"

小英呆呆地望着小琳说:

"当然了,妈妈说女人的乳房都会鼓出来的。"

这时,远处传来了老师吹哨子的声音。

小英不情愿地噘起了嘴说：

"哎呀，还得跑啊？真是太讨厌体育课了！"

小英又开始用双手抓住运动服前襟跑了起来。小琳也不自觉地抓住了运动服的衣襟，然后"噔噔噔"地跟在了小英的后面。

♀ 成长日记

 小琳

我问妈妈："妈妈，我也要戴胸罩吗？"

"当然了，你的胸部正在发育呢，过一段儿就该给你买胸罩了。"妈妈高兴地答道。

我摇摇头说"没关系"，可是妈妈却兴致勃勃地讲起了胸罩的款式、大小和颜色。我心情不好，嘟囔了几句，妈妈瞟了我一眼，说道：

"虽然你不记得了，可你一出生就吃妈妈的奶，知道吗，吃母乳的孩子更健康。"

对啊，我是吃妈妈的奶长大的。电视里新闻上也说小孩子要吃"母乳"才会健康成长。

　　说是母乳里含有幼儿需要的营养成分，尤其是初乳里含有丰富的蛋白质、无机物、维生素和钙。还说吃母乳的孩子在吃奶期间可以获得很好的免疫力呢！

　　这么看，我这么健康全要归功于妈妈的母乳呢！

　　但是，妈妈接下来说的话让我恨不得钻进老鼠洞藏起来。

　　"知道你爸爸为什么对妈妈这么着迷吗？也是因为胸部啊！女性的胸部在异性眼里看起来是很有魅力的，不要因为胸部高耸就害羞，正因为有胸，看起来才更有女人味、更美丽呢！"

　　啊，妈妈怎么什么都说呢？真让人受不了！我的脸都红成大苹果了，妈妈的话再也听不下去了。

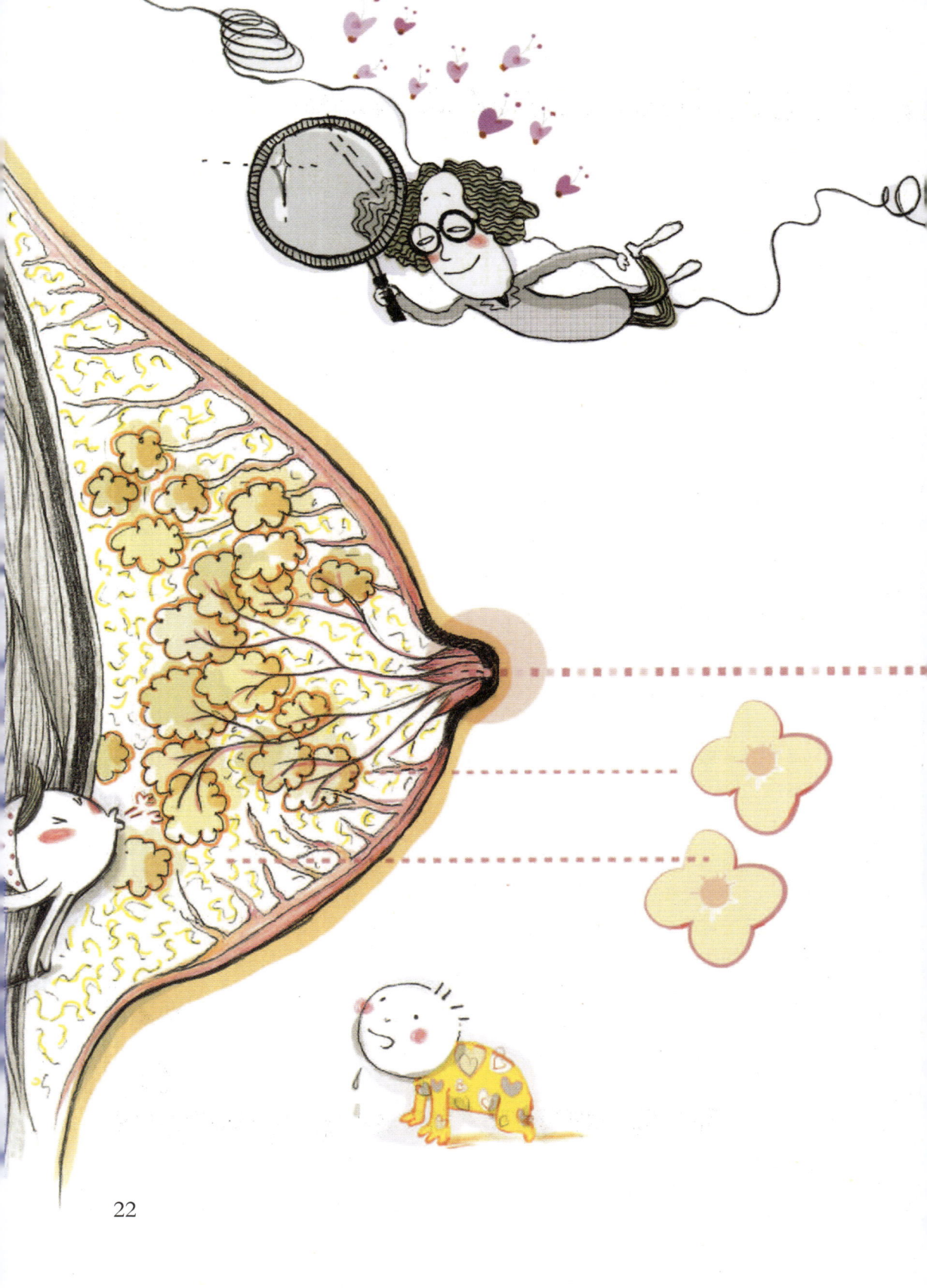

🔍 真相放大镜

胸部为什么会变大？

到了青春期，女性的乳房会在雌性激素的作用下开始长大，皮下脂肪集聚，让胸部变大、变圆。乳房由90%的脂肪组织和10%的制造母乳的乳腺组成。母乳通过乳管从乳头流出。乳房开始变大后，乳头会渐渐高耸出来，乳晕和乳头的颜色也会逐渐变深。

最短要两年，一般经过4~5年，乳房就会发育成熟。

胸部变大之后，就会产出母乳吗？

母乳只会在生孩子后的一定时期内产出。女性妊娠后，脑垂体会分泌一种叫作沙乳素的激素，让胸部变大、乳晕变黑。

宝宝还在妈妈肚子里时，胎盘会分泌出一种阻止母乳流出的激素，所以不会有母乳流出来。孩子出生后，没有了胎盘，从那个时候起就会开始分泌乳汁了。

❓ 我的好奇心

胸大的妈妈乳汁会更多吗?

并不是乳房越大乳汁就越多,听说也有乳房大,乳汁反而少的人呢。

胸部越摸越大吗?

听说过"胸部越摸越大"的话吗?这不是真的。抚摸胸部的话,受激素分泌的影响,胸部会变大,但这只是暂时现象,经过一段时间就会重新回到原来的样子。

为什么要戴乳罩呢?

乳罩是包裹住女性胸部的内衣。乳罩可以美化胸形,托住乳房,防止乳房下垂。

乳罩起源于古希腊和古罗马时期使用的长布条或者皮带。后来,女性穿起了紧身胸衣,收紧腰部,最大限度地突出了胸部和臀部,增加了女性的魅力。

今天的乳罩是玛丽·费尔普斯·雅各布和她的女仆在1913年偶然发明的。

有一天,玛丽想在宴会上穿丝绸连衣裙,但是丝绸料子太薄了,里面全都能透出来。

玛丽一心想穿连衣裙,就用白色手帕、粉红丝带和细带子制成了遮住乳房的内衣。

那天来参加宴会的女子对丝绸连衣裙和内衣表现出了浓厚的兴趣,这种"乳罩"就这么流行开来。

03 喉咙里发出奇怪的尖叫声！
变声期

"大家一起唱的时候声音一定要齐，再来一遍！一、二、三！"

"树丛里的知了唱起了歌，蓝色……"

刚唱了两句，孩子们的视线就集中到了一处。小哲的脸腾地红了。

孩子们不是看着同桌开始嗤嗤地笑，就是和前后桌同学窃窃私语着。

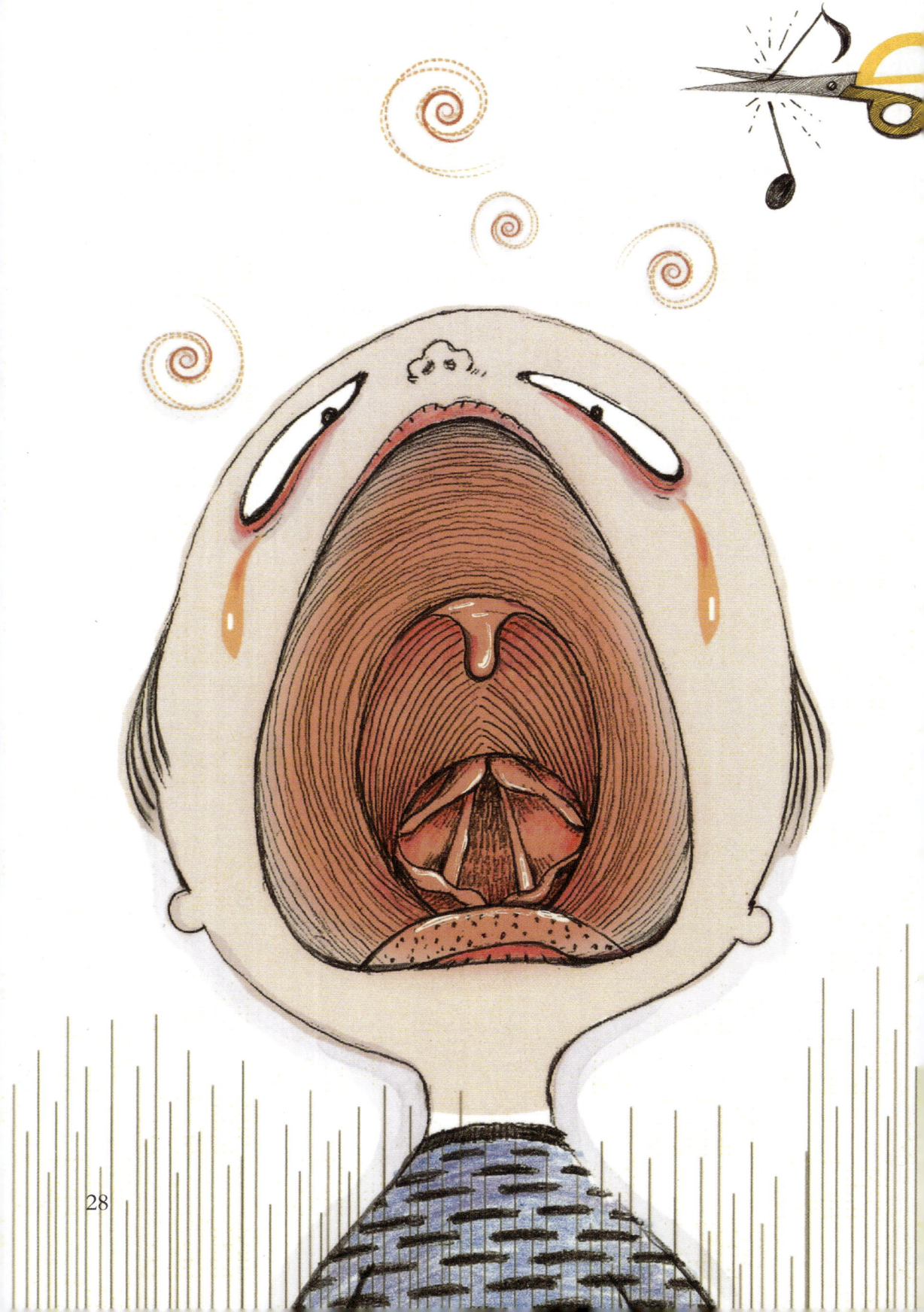

"小哲是不是喉咙里长东西了？声音怎么变得那么奇怪啊！"

"会不会是生病了啊？"

"不可能，昨天还和我在操场上踢足球了，满场飞呢！"

就在这时，老师走到了黑板前，写下了"变声期"三个大字。还没等老师开口，就有人大声问道：

"老师，什么是变声期啊？"

"大家都知道，刚才合唱的时候小哲的声音格外突出，那是因为小哲正在经历变声期。这个时候，你们的声带会发生变化，引起声音的改变。"

又有人问道："为什么会那样呢？"

原来是整天喜欢调皮捣蛋的小亮。虽然不像小哲那么明显，但小亮的声音也开始有变化了。

"那是因为你们正在进入青春期。有的同学和以前没什么不同，但是有些同学身体会开始有一点儿变化，变声期也是青春期众多变化中的一个。尤其是男孩子，变化更明显、更突出。"

孩子们不约而同地看了看小哲。这时，老师用手背敲着黑板说：

"不久之后，到处都会发出奇怪的尖叫声呢，虽然偶尔会想捂住耳朵，但是音乐课上，就享受这种声音吧，另外小哲——"

"嗯，老师。"

小哲喉咙里仍然发出奇怪的声音，教室里又是一阵哄堂大笑。

"不要不好意思，你马上就会拥有好听的声音的。"

"真的吗，老师？这尖叫声会消失吗？"

"当然了，不过，为了保护嗓子，还是少大吵大闹些更好。"

♀ 成长日记

 小琳

听说女孩子也会有变声期。我问妈妈我的声音有没有变化时,妈妈吃了一惊反问道:

"变声期不是只有青春期的男生才有的吗?"

原来妈妈也不是什么都知道呀。于是,我坐到了电脑前,在搜索栏里输入了"变声期",马上出现了一堆资料。

我点开了其中的一条,这样写道:"像得了感冒一样发出粗糙的尖叫声,声音的音高明显变低,唱歌的时候不能唱出平时很容易发出的高音,男孩子模仿女性的声音变得很难。"

我干咳了几下，又唱了几句，声音不像有变化的样子啊。

这时小英来了短信。

"我们到外面去练歌吧。"

我觉得有点疑惑就没有回答，而是问道：

"因为变声期？"

"哈哈，你怎么知道的？网上不是说到了变声期高音就上不去了嘛，特别想确认一下。在家里大声唱，我哥会笑话我的。"

小英哥哥平时总欺负小英，小英要是在家里唱歌的话，他会嫌吵，很可能会收拾她一顿。

想到这，我突然很感激我妈。

"不知道女儿有没有进入变声期也没关系啊，又不像男孩子那么明显。没给我生一个惹是非的哥哥，就足够让我感激了！"

声带的结构

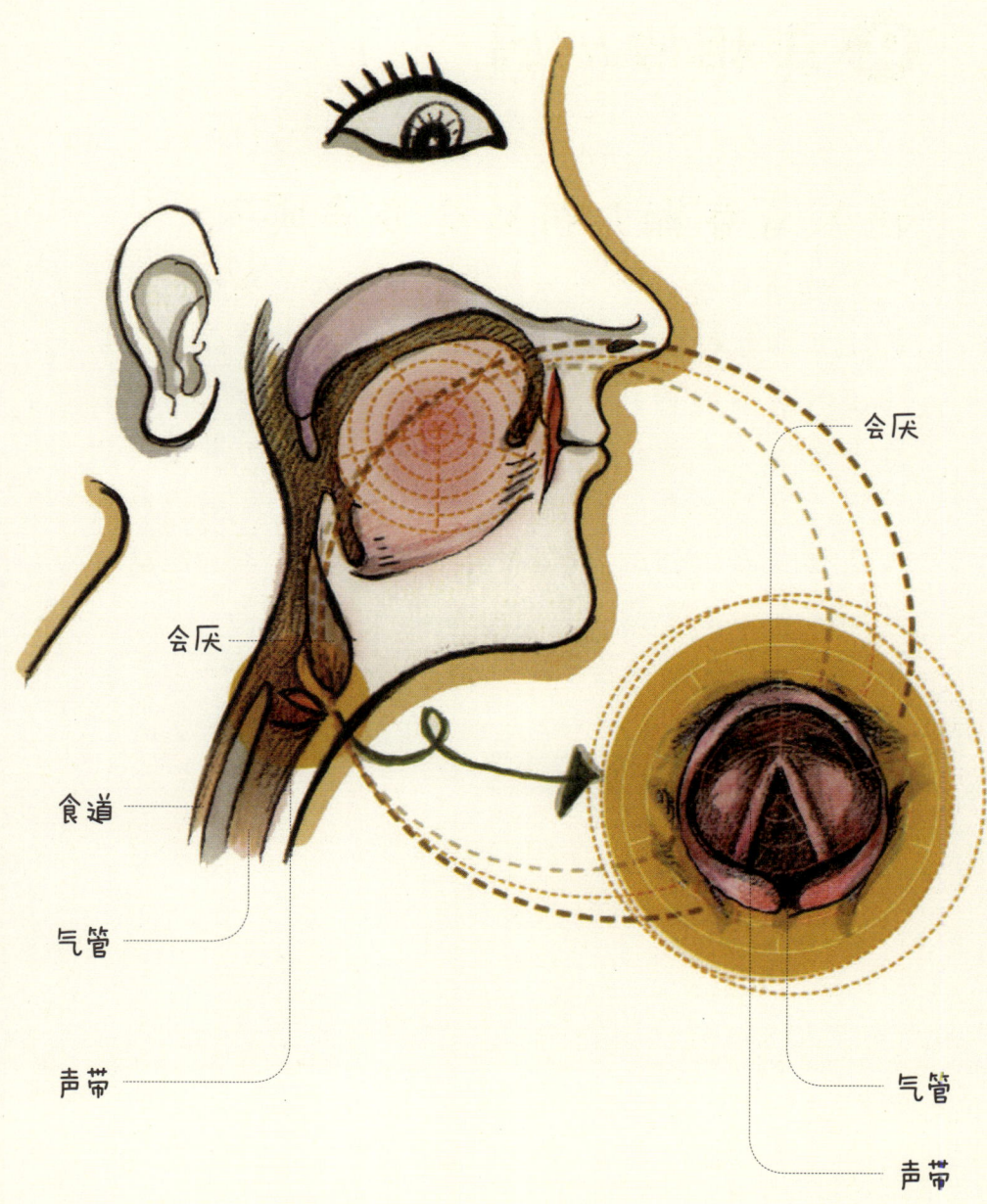

🔍 真相放大镜

进入青春期为什么会变声呢?

随着身体的成长,声带也会变大、变长。声带是发出声音的器官,长在喉腔中间,由横贯喉头(空气进入肺部的通路)的两瓣柔软而结实的膜构成,看上去像个V字。从肺里呼出的空气振动声带发出声音,声带小就容易发出高音,相反,声带大就容易发出低音。进入青春期后,声带变大了,所以变声期后声音的音调会变低,很难发出高音。

变声期会持续多久呢?

男生在13岁、女生在12岁左右开始进入变声期。大部分人会有声音颤抖、嘶哑、发出尖叫声、偶尔发不出声音、很难发出高音、声音变粗等症状，经过三个月至一年就会变得稳定，声音会逐渐变得像成人一样。

变声期过后，男生的音调会低8度，女生的音调会低3度。男生脖子中间的喉结会慢慢突出来，一说话就会上下活动，这是正处于变声期或者变声期已经结束的标志。

我总是发出尖叫声!

我很难发出声音。

如何顺利渡过变声期呢？

　　变声期如果不注意保护嗓子，声音会有变化，嗓子机能会发生异常。这个时期要注意，不要大喊大叫，唱歌或者说话也要特别小心，以免声带受到损伤。

　　变声期绝对不要像大人那样抽烟或喝酒，即便像咖啡或可乐含有咖啡因的饮料，也会刺激嗓子，带来不良后果。所以要尽量不喝饮料，要多用温水浸润嗓子。

04 妈妈送的可怕礼物!
月经

"妈妈,妈妈!"

听到小英惊恐的喊声,妈妈手拿汤勺匆忙跑进了小英的房间。

"怎么了?怎么了?"

妈妈以为发生了什么大事,吓坏了,定睛一看,却像发现了什么宝藏似的,用兴奋的声音喊道:

"亲爱的，孩儿她爸，快来一下！"

小英一听，吓得躲进了被子里。

正在刷牙的爸爸气喘吁吁地跑进小英的房间。

"怎么了？什么事？晚上进小偷了吗？"

妈妈用双臂揽住爸爸的肩膀高声说道：

"我们小英已经长大了，是不是很棒？"

爸爸歪了歪头，白色牙膏从爸爸的嘴角流出来，落到了他凸起的肚子上。

"小英来月经了！"

爸爸迅速用袖子擦了擦嘴角说：

"真的？我们小英终于来了？"

小英猛地拉开被子，生气地回应着：

"有什么好高兴的！我终于开始了呗？一个月一次的那个。"

妈妈把汤勺递给爸爸，然后坐到了床边。

"小英啊,这是祝福啊。妈妈离闭经不远了呢,一想起这个,你知道妈妈心里有多难过吗?来月经就意味着你作为女人的人生开始了。赶快起来洗洗,换衣服吧。"

说完,妈妈和爸爸一起离开房间,各忙各的去了。

过了一会儿,传来咚咚的敲门声音,房门打开了一条缝,妈妈探出头说:

"今天晚上去外面吃饭吧。爸爸说要庆贺一下,要买蛋糕还是买礼物呢?"

"真的?那我可以买我想要的吧?"

妈妈点着头神秘地一笑。

♀ 成长日记

 小英

现在，我衣柜的抽屉里全都是卫生巾。问妈妈给我买什么礼物，妈妈不回答只是一直微笑，一进入商场就拉着我到了卫生巾柜台。

然后拉着我的手，让我摸挂在柜台前的卫生巾样品。"量少的时候用小号的，量多的第二天用大号的，晚上用加长夜用的。哎呀，还有布做的卫生巾呢，这个也买点儿吧，虽然贵了点儿，但是健康啊！"

购物车里堆满了各种卫生巾。怕别人看到，我试着用别的东西遮挡，可是太多了，挡都挡不住！

而且差点儿就撞见整天说我胸大，还总捉弄我的小俊。不仅没能缠着爸爸买礼物，还为了躲避小俊从爸爸那里抢过购物车四处躲藏呢！

一回到家,妈妈就把我衣柜里的一个整个抽屉空了出来,往里面塞满了卫生巾,还告诉我以后要学会自己买。

现在,我看到和卫生巾相似的东西脸都发烫呢,要是买卫生巾时遇到认识的人可怎么办啊。

到底为什么要有月经这么折磨人的事情啊?以后体育课可怎么办啊?游泳课又怎么办呢?突然来月经可怎么办?啊——

⚢ 女性的生殖器官

卵巢：周期性排出成熟的卵子，分泌雌激素，帮助女性具有女性容貌。

子宫：精子和卵子相遇成为受精卵后，形成胎儿，一直在这里生长直到出生。

输卵管：将排出的卵子输送到子宫的一对管道。

阴道：连接子宫和外部的通道，是排出经血和性交时阴茎插入以及生产时娩出胎儿的地方。

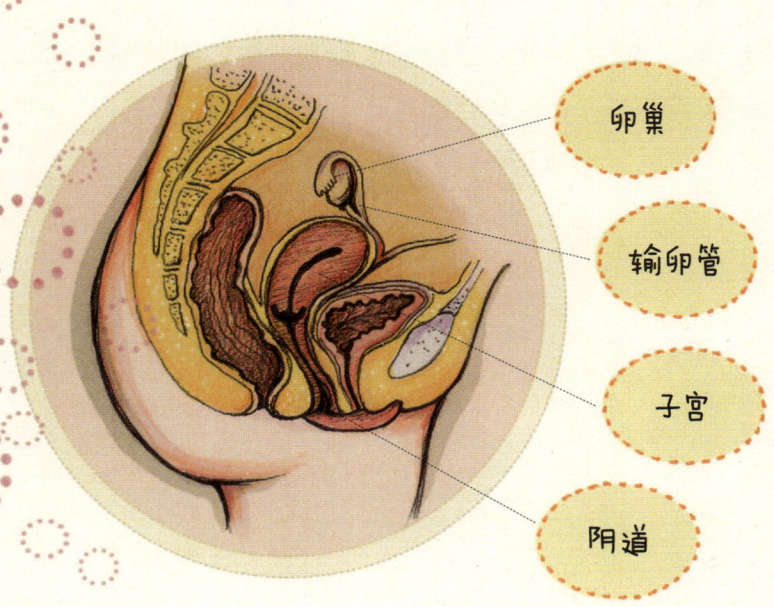

🔍 真相放大镜

为什么会有月经呢?

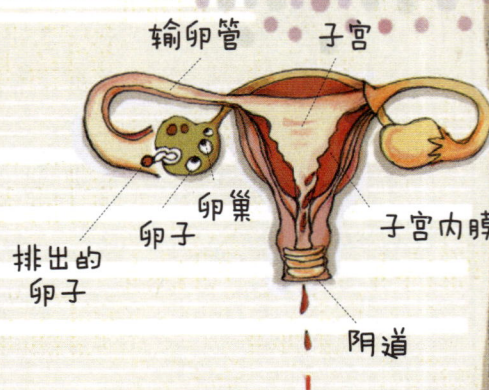

女性到了激素分泌旺盛的青春期,就会有一月一次的流血,因为每月都来一次,所以叫作月经。

来月经就意味着身体成熟到一定程度了,可以生孩子了。女性每月一次从卵巢排出卵子,这叫作"排卵",卵子里的细胞携带着妈妈的遗传信息。从卵巢中排出卵子后,子宫就开始做孕育孩子的准备了。

子宫壁用血液和营养成分形成保护膜。但是,如果卵子没有受精,这层保护膜就会自行脱落,从阴道排出体外。这就是月经。

月经为什么一个月来一次呢?

女性的身体每个月都会排一次卵,排卵期,如果精子进入女性的身体和卵子相遇,两者就会结合成受精卵,就会形成胎儿。所以排卵后,子宫会形成一层保护膜,为受精卵成长做准备,就好像为了迎接宝宝而布置舒适的床一样。

但是如果卵子和精子没有相遇,就不再需要保护膜了,保护膜就会自行脱落,排出体外。

❓ 我的好奇心

多久来一次月经呢?

月经不是说来就来的。因人而异,每21~35天来一次。一般是每28天来一次。

每次会持续3~5天,因个体差异,时间短的只需要两天,时间长的也有持续一周的。

忘得一干二净,没带卫生巾呢。

别担心,我给你。

什么是痛经？

来月经的时候会有痛感,这叫"生理痛"或者"痛经"。这种下腹部的疼痛,通常是子宫肌肉强烈收缩引起的,同时还会伴有恶心、腹泻等症状。当然,不是每个人都会有痛经的。

另外，有些人在月经来之前的4~10天会出现胸、头和腰部疼痛，身体浮肿，为鸡毛蒜皮的事情也会忧郁起来，敏感易怒。这其实是一种叫作"经前综合征"的症状在作怪。

经前综合征严重的人，还会有偷东西或伤害自己的冲动呢。

什么是闭经？

人上了年纪后，身体、精神机能就会减弱，这叫作"老化"。卵巢也同样会老化，不再生成雌激素。这样的话，就不会再有月经了，这叫作"闭经"。

换卫生巾的方法

1.卫生巾一天最好换5~6次，经血量多的时候更要勤换。

2.外出时，要携带5~6个卫生巾备用。

3.根据当天的经血量或活动量选择大号、中号、小号、护翼型或卫生棉条。

用过的卫生巾怎么处理

1. 将沾有经血的一侧向里紧紧卷起。

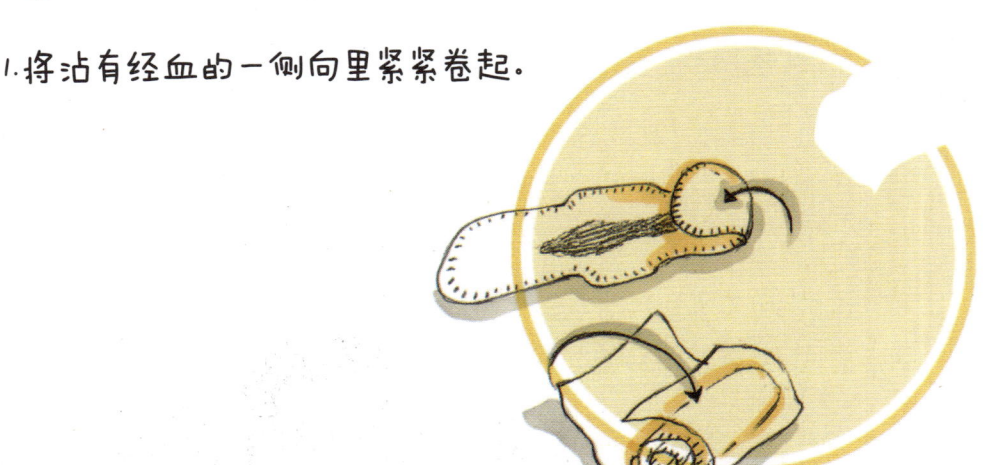

2. 将卷起的卫生巾用卫生巾包装纸或手纸包上，使之不易展开。

3. 扔到垃圾桶里。卫生巾在水中不能溶解，所以，不要扔到马桶里。

 经期注意事项

1. 经期要避免穿紧身衣，要穿通风良好的棉质衣服，尽量避免穿短裙和紧身的裤子。

2. 为了更顺畅地排出经血，月经期间，子宫口是张开的，因此，长时间泡澡对身体不好，因为很容易引发感染。可以选择淋浴。经期也最好不要去大众浴池。

3. 含有咖啡因的饮料可能会加重痛经，所以不要喝含有咖啡因的饮料，喝果汁吧！

⚥ 男性与女性的生物学差异

女性

9~16岁开始进入青春期，开始分泌雌激素。

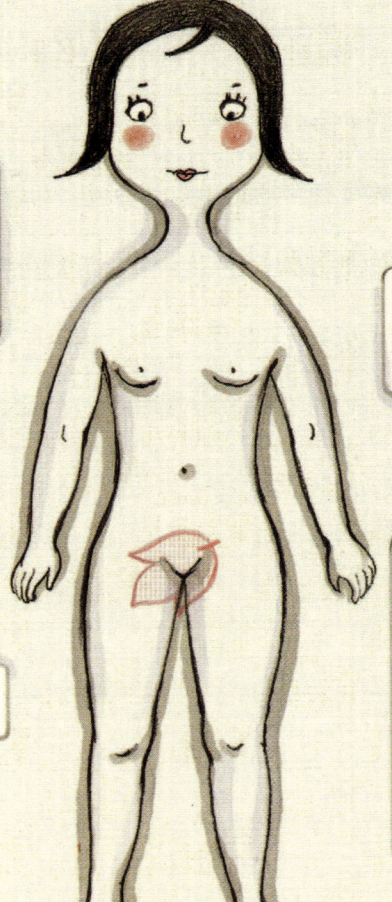

皮下脂肪增加，身体整体变得浑圆。

骨盆变大。

开始长阴毛。

10岁左右乳房开始鼓起。

生殖器成熟，开始来月经。有规律地来月经后就可以生育孩子了。

> 男性

10~18岁开始进入青春期。

分泌雄激素,个子长高,产生精子,性欲增强。

开始进入变声期,声音有了变化。

长出阴毛,生殖器变得成熟,睾丸和阴茎变大。

骨骼和肌肉发达,肩膀变宽,胸部坚硬起来。

长出胡须,体毛颜色变深。

到了13~14岁就会体验自然勃起,通过遗精和自慰将精液排出体外。

什么叫性早熟？

离青春期还早，却提前出现性成熟的症状，这就是"性早熟"。

青春期到来的时间不是一刀切的，因个体差异，随着遗传、营养、社会经济水平、人种的不同，有些人可能会比同龄人稍微早一点儿开始，但是如果不到8岁就出现第二性征的话，要高度怀疑是性早熟了。

通常表现为男孩子会长出茂盛的体毛或者青春痘，女孩子开始来月经或者乳房增大。性早熟的孩子，一开始个子会比同龄人高，但生长板会过早闭合，最后会导致个子矮小。

很多学者指出肥胖和环境刺激，比如通过电视和因特网经常受到性刺激是性早熟的原因之一。

不过，性早熟是可以治疗的，得到治疗后可以减缓青春期发育速度，因此也不必太担心。

05 弟弟啊,听见了吗?
胎教

"真的吗?你要有弟弟了啊?"

"年龄差好多呢。"

"我弟弟都读幼儿园了,你才有弟弟啊!"

"多好啊,我没有弟弟。"

小琳穿过叽叽喳喳的小伙伴快步往前走了五六步,小英歪着脑袋紧紧靠在小琳旁边。小琳叹了口气,垂下了头。别的小伙伴看到小琳的表情,也都凑了过来。

"以为有了弟弟妹妹会非常高兴呢，其实不是那么回事！"

伙伴们不解地看着小琳。

"一打开家门，就听见满屋的古典音乐，想学习，可是一坐在书桌前就开始犯困呢！"

喜欢街舞音乐的詹妮一听马上就不高兴了。

"昨天晚饭餐桌上有鱿鱼，我不喜欢鱿鱼腿，不喜欢疙疙瘩瘩的样子，但是爸爸不让我挑食，给我夹了鱿鱼腿。我一嘟囔，就说凭什么妈妈能吃好看的东西。"

"还不止这些呢。我家冰箱里都没有我喜欢的水果呢。说什么西瓜、梨、哈密瓜会让妈妈腹泻，柿子会便秘，菠萝会让肚子里的孩子过敏呢！"

一直盯着小琳看的晓珍说道："你太可怜了，但是有了弟弟真的那么让人头疼吗？"

小琳的肩一下子耷拉下来，说：

"谁说不是呢。说那是胎教，为了肚子里的孩子没办法。而且因为我妈妈是大龄孕妇，还说要更小心呢。真是的，为了还没出生的弟弟，不习惯的事情还不止一两件呢。"

"噢,这真是……"

一时陷入沉思的詹妮突然跑起来。

"詹妮,等等啊,一起走!"

"对不起,伙伴们,我有话要对妈妈说!"

孩子们不约而同齐声问道:

"说什么啊?"

詹妮大声喊道:

"我要跟妈妈说我不需要弟弟!"

♀ 成长日记

 詹妮

现在终于好了，这下我可放心了。妈妈问了我一遍又一遍：

"是真的吧？说好了以后不会缠着妈妈要弟弟妹妹啊？"

我也向妈妈确认了好几遍：

"再也不要弟弟妹妹了，我保证！"

两人还勾了小指呢。

我没有对妈妈说为什么不需要弟弟，怕妈妈改变想法。我可不想变成小琳说的那样，我会遭白眼的。

但是，妈妈一见我就问我理由，最后我还是全盘托出了。很意外的是，妈妈说幸亏我没有缠着她。因为生我的时候遭了很多罪，她一点儿都没有要弟弟妹妹的想法。

听妈妈说，她怀孕初期有些害喜，连饭味儿都闻不了，一想起食物就恶心，有一阵子连水都喝不了呢！

更要命的是，10个月里要有饮食禁忌，要小心行走，肚子大了连睡觉都困难呢！

还以为怀了孩子就可以尽情地吃喜欢吃的东西呢，原来不是这样啊。为了生个健康的宝宝，需要小心、需要忍受的还真不少呢。

哎呀，我将来也要当妈妈的，怎么办啊？

🔍 真相放大镜

什么是害喜呢?

肚子里有了宝宝后就会食欲下降、恶心呕吐,这就叫作"害喜",专业术语叫"妊娠反应"。不是所有孕妇都会害喜,10个人中会有七八个人有反应。这种反应通常在怀孕2个月左右开始,一两个月之内就会结束。

为什么要进行胎教呢?

肚子里的宝宝会受到妈妈吃的、想的、感受的影响。很久以前就说女人怀孕后一直到生产都要处处小心,动作不要粗暴,要心态平和,这就叫作"胎教"。

人们认为因为是妈妈十月怀胎生下来的,因此模样和品行会像妈妈,所以人们都很重视胎教,实际上这并不科学。

胎教需要注意哪些问题呢？

很久以前，人们就认为只有妈妈行为端正，肚子里的宝宝才会健康成长。所以要谨慎地看、听、说，坐姿要端正，不要用有缺口的盘子装东西吃，水果要切得方方正正或完整地吃，心里要总想着美好的事情，不能讨厌别人。其实，真正的胎教是有很多学问的。不过，怀孕的妈妈吃好、喝好、休息好，心中想着美好的事情，保持好心情，对肚子里的宝宝一定是有好处的哦！

06 美丽的爱情！性关系

"叮铃铃——"

下课铃声一响，小英就拉着小琳的手来到了教室外。

"心情还是不好吗？"

小琳用手支着下巴轻轻点了点头。

"弟弟出生了会有多可爱呢？手和脚会有多小巧呢？"

"但是，弟弟一出生我就没好日子过了吧？是吧？你不觉得吗？"

小英没有回答，而是将手臂搭在了小琳的肩上。

"不过，小宝宝到底是怎么来的呢？"

"那个嘛，当然是妈妈和爸爸相爱，然后……"

说着说着，小琳用双手捂住了脸。她觉得不仅是脸，连耳朵都红了。

小英看着窗外说："以前以为妈妈和爸爸光拉着手睡觉就会有宝宝的，可是，知道了不是那么回事以后，不知道为什么都不好意思看妈妈和爸爸的脸了。"

"可不是嘛。"

"偶然从堂姐那里听到的，说是她一个班级里的同学中已经有经历过那种事的人了。"

"不会吧，还没有结婚呢，怎么会……"

"新闻里甚至还说有学生生了孩子呢！"

小琳紧紧地闭上眼睛，摇着头努力想把浮现在脑海中的画面甩掉。

"孩子真的是很可爱,生孩子是一生中重要的事情之一啊,我一定要守住自己,直到结婚。"

小英挎住小琳的手臂说道:

"以前不是说不结婚吗?我真想遇见真正喜欢我、珍惜我的人啊。要是有识别那种人的超能力就好了,是吧?"

♂ 成长日记

以为女孩子整天就知道谈电视里出现的男演员或是偶像呢,小英和小琳的对话把我吓了一跳。要是知道我偷听了,她俩不会放过我吧?

晚上想去卫生间,刚打开房门,就看到爸爸正手忙脚乱地找着遥控器,妈妈居然发火了。

"还没睡啊?为什么出来?"

真是的,连卫生间都不能随便去吗?

爸爸说趁这个机会聊聊天,问我看电视里出现的暴露画面有什么想法。

说来也奇怪,自从第一次遗精后,看到那种画面总是很好奇,看到胸部高耸的女性就想摸一下。

我没有回答,而是反问爸爸,他是否做过电视里的那种事。

"当然了,所以才生了你啊。"

啊,我问了个不需要回答的问题。我又问,生了我之后是不是还继续做那个。

"爸爸和妈妈非常相爱。相爱的人会用身体来表达这种感情,这叫性关系,是世界上最美的表达方法之一啊。"

爸爸说,有的人并不把这种珍贵的关系当回事。

"电视剧里也会编一些不好的故事,如果小小年纪就看,会错误地理解性和性关系,所以爸爸妈妈不想让你过早看到这些,能理解吧?"

说什么是因为担心我才那样的。

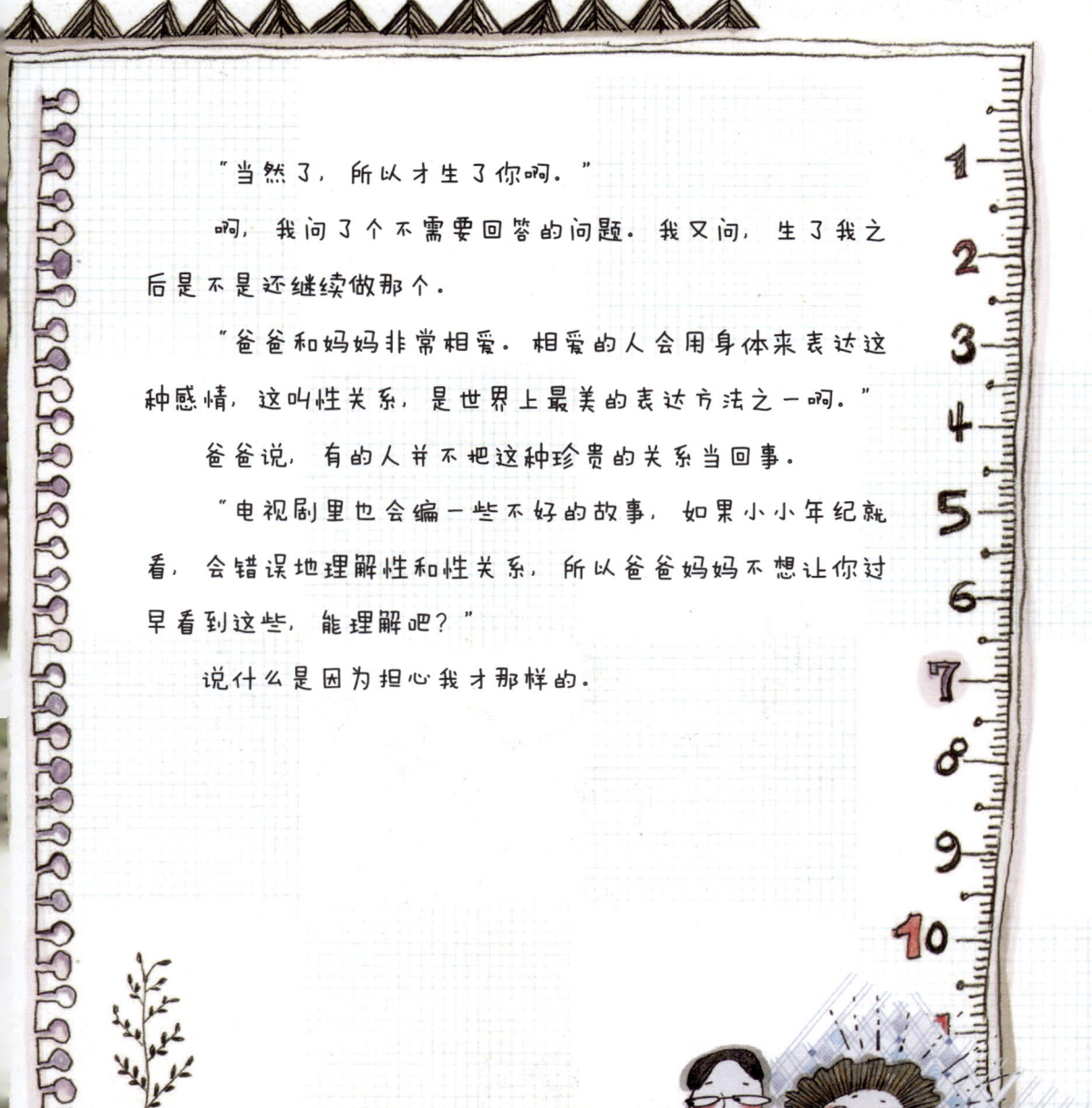

🔍 真相放大镜

什么是性关系?

男女之间如果相爱,会用身体来表达这种感情,这就叫作性关系。男女用身体来表达爱情时,一旦女性的卵子和男性的精子相遇,女性就会怀上孩子。

为什么要特别重视性关系？

性关系可以使相爱的人心情愉悦，充分体验被爱的感觉。但是有的人心里并不爱却用身体装作很爱的样子，这种行为跟欺骗没什么两样。

什么时候可以发生性关系？

偶尔看新闻会听到青少年在成人前发生性关系导致怀孕，成为社会问题。

青春期时，身体发育和性发育达到了一定程度，但还没有成人那么健全，而且精神、经济、社会独立性都没有达到能够对自己的行为完全负责的状态，不仅是对自己，对所爱的人，还是对可能由性关系而出生的孩子都不能尽责，所以会导致糟糕的后果。

性行为是需要负责任的。因此，性关系应该在结为夫妇后，成为能够独立照看孩子的成人之后再进行。

07 一切生命都是珍贵的!
堕胎、流产及避孕

　　小琳在妇产科医院前望了望周围,担心被人认出来,使劲低着头。候诊室里有三四个大肚子的女人。

　　"小琳啊,帮妈妈挂一下号。"

　　"护士阿姨要是以为我是患者怎么办啊?"

挂号之后，小琳和妈妈来到了B超室的门口等候。等了一会儿，叫到了妈妈的名字，小琳跟着妈妈进到了有点儿昏暗的B超室。

在那里，小琳生平第一次听到了宝宝的心跳声，通过床边的显示器和挂在天棚上的显示器看见了宝宝的手脚、高挺的鼻子和圆圆的脑袋。

"真神奇啊，清楚地看见了5个手指呢，还打哈欠呢。"

妈妈摸着小琳的头，说：

"你在妈妈肚子里边时也是这个样子，那时你爸爸的反应也像你现在一样。"

从B超室里出来后，小琳在候诊室等了大约5分钟，就和妈妈一起进了诊疗室。医生亲切地接待了她们。

"快请进，这次是和女儿一起来的啊。看到超声波检查了吧，孩子很健康，但是子宫有点儿薄，有过流血吗？"

"稍微有点儿……"

"这段时间里要注意不要过分劳累，因为是高龄产妇，稍微不小心就会流产的。"

医生看着小琳说：

"妈妈需要多休息，你要多帮妈妈啊，知道了吧？"

小琳不懂医生说的是什么，耸了耸肩。从诊疗室出来，小琳问妈妈：

"妈妈，什么是流产？弟弟得了什么病吗？"

"不是，流产是指宝宝在妈妈肚子里没有待到10个月就死掉了。"

小琳以为自己听错了，呆呆地看着妈妈。

"这种事情可能会发生，所以医生让我小心点。回到家里，妈妈需要休息，什么也不能做了。你要用洗衣机洗衣服，晒干的衣服要收起来叠好，放到抽屉里，还要用吸尘器打扫一下房间，好吗？"

"妈妈，不可以拜托姑姑或者姨妈吗？"

"姑姑今天去旅行了，姨妈家不是有两个孩子嘛，光照顾那两个就够她忙的了。"

小琳肩膀耷拉下来，叹道：

"天啊！弟弟出生后连拉过屎的尿布都要我来洗啊！"

♀ 成长日记

 小琳

一回到家我就开始用洗衣机洗衣服，还用吸尘器打扫了一遍房间。连坐在沙发上休息的时间都没有，一直在干活。

如果弟弟流产了，全家人都会很难过，还是我稍微累点儿吧。

桌子上放着妈妈从医院带回来的《青少年和性》和《安全避孕法》两本小册子。

其实，在医院里我看见了一个挺着大肚子的姐姐，那个姐姐一看就是高中生。妈妈也是看到那个姐姐就开始担心我了吧。

那个姐姐马上要做妈妈了吧？太吓人了，都不能去学校了，看到的人都会窃窃私语的。被小俊和小亮这样的男孩子看见，不知会怎么取笑呢，连想都不敢想。

像《安全避孕法》之类的书，那个姐姐要是看过就好了……现在才明白妈妈为什么说要了解那个了。

虽然我只是小学生，但我会很快长得像那位姐姐一样大的，其间还可能会有男朋友，睡觉前一定要仔细阅读一下。

"小琳啊，给妈妈送被子，妈妈绝不能感冒的，快点儿哦！"

"嗯，来了！"

🔍 真相放大镜

怎么做才能和心爱的人发生性关系却不会有孩子呢?

发生性关系是为了用特殊的方式向心爱的人表达爱意,为心爱的人生个孩子。虽然,并不是发生性关系就一定会有孩子,但是这种可能性是有的。

如果一直不停地怀孕、生孩子,妈妈就没办法上班,而爸爸为了养活一大堆孩子,就不得不赚更多的钱而一直工作。所以,为了家庭和睦,爸爸妈妈会选择"避孕"。

什么是避孕？

避孕就是指想办法让精子和卵子不能相遇，这样就不会有宝宝了。

避孕方法有好几种，通常最常用的是在女性的排卵期避免性关系或使用避孕套或避孕环。也可以服用不能排卵的药，还可以通过手术使精子和卵子再也不能相遇。

♂ 避孕方法

1. 女性一个月要排一次卵。排卵前后5~6天是容易怀孕的时期。排卵大约在月经来潮日14天前进行，因此可以计算出排卵日。

计算一下排卵日啊？

2. 人们还可以通过使用避孕套来避孕。避孕套能预防性病和艾滋病，因此被大力推广使用。

避孕套对预防性病和艾滋病也很有效果呢。

❓ 我的好奇心

妈妈年纪小的话，孩子会不会更健康呢？

在20岁前或35岁以后怀孕，无论对孕妇还是孩子都很危险。肚子里宝宝可能会生病或不能好好呼吸而引起脑损伤，甚至还会死亡。

如果在青少年时期怀孕，因为妈妈的身体器官还未发育成熟，很有可能因为不能及时接受怀孕需要做的检查，而生出不足月的早产儿或者畸形儿。

什么是堕胎？

当医学上判断出孕妇的健康出现异常或即将出生的胎儿存在严重的畸形时，就需要进行人工流产，这就是"堕胎"。

怀孕超过13周，肚子里的孩子就会长到一定程度，这时再进行人工流产会非常危险。但是也有一些青少年未婚妈妈在私人诊所做手术，术后又没有做好产后护理，对自己的健康造成了很大的损害。

堕胎不仅损害身体，也会留下心理创伤，即使成人后仍然忘不了那种伤痛，还有人因犯罪感或精神不安而痛苦一生。

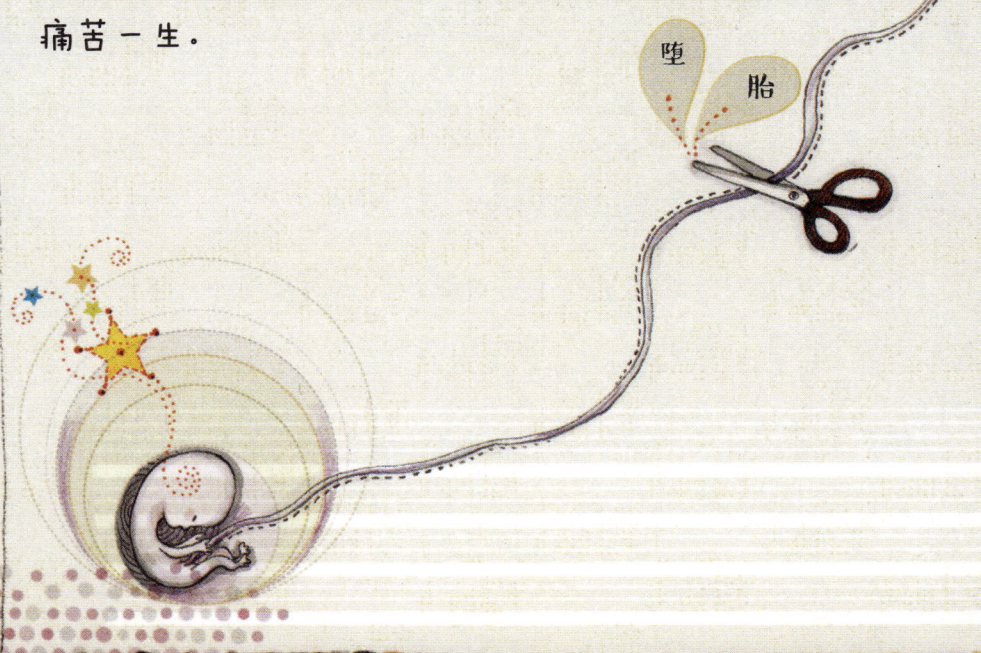

08 对我没兴趣吗?
异性交际

"今天教室里的气氛好奇怪啊!"

小英在从教室外就感觉到了一丝微妙。一向喧闹的教室今天格外安静,甚至让她怀疑自己是不是迟到了。

但是走廊上有几个孩子在跑来跑去,除了小英,也有背着书包走向教室的同学。

比小英早一点儿进入教室的小琳正坐在自己的座位上,对走进来的小英说:

"嘿,有你的信。"

教室后方男孩子们三三两两聚在一起,偷偷地看着信和小英。

封皮上什么也没有写。小英没当回事,打开信封就读了起来。没读几行,小英停了下来,然后狠狠地盯着教室后方的男孩们。

小琳悄悄走近小英。

"什么信啊?是情书吧?男孩子们说英明写情书了,正起哄呢!"

"英明在哪儿呢?"

"同学们取笑他,他好像也不当回事儿呢,去隔壁班了。"

"这小子怎么办才好呢?唉,本来就因为胸大被取笑,这次又因为信……"

"都写什么了,英明真的喜欢你吗?"

"说什么我和他的名字差不多,是天生缘分,还说很喜欢我胸大呢。喜欢我比别的女孩子成熟,这哪里是情书,这是存心惹我生气啊……"

小琳读了读小英递过来的信,说道:

"不是说看见你就心跳加速吗?好像真的喜欢你呢!要是你和他想的一样,让你给他回短信呢,你想怎么回答呢?"

小英无奈地说:

"怎么可能,这小子没少嘲弄我,不比小俊少呢!"

"你是不是喜欢小俊啊?怎么总拿小俊比啊?"

小英摆了摆双手,摇摇头,然后向走廊跑去。跑着跑着,不知和谁撞到了一起。小英停下来一看,正是小俊。

成长日记

真郁闷啊！怎么还没有回信呢？同学们明明说她看了信的。

为了等她回信息，我手里一直拿着手机呢。吃晚饭的时候，去卫生间的时候也一直拿着呢。

小英的好朋友小琳好像能知道小英是怎么想的。几次想发短信又取消了，这样不知反复了多少次呢。

我长得还可以呀，学习也不错，朋友又多，理想也很明确呢！

怎么办呢？这段时间我是不是对她太过分了。可那是因为不太会表达心里的喜欢才那样的啊。

无论如何我得找个人指教一下。找谁好呢？爸爸？要是爸爸知道了，用不上五分钟妈妈就会知道的，然后就会唠唠叨叨个没完，说我不学习，整天胡思乱想。

还是补习班的老师好一点儿。要不然发个短信看看？

老师不到一分钟就来了答复："这小子，怪不得今天心情不好，原来是有苦恼啊。"

"可是她为什么没有答复呢？"

"你平时对她怎么样啊？"

听了我的说明，老师这样回答我：

"看来不太容易啊，不过你可以把你值得信任的一面展现给她看，人与人之间没有比信任更重要的了。"

"要怎么做才可以呢？"

"那就是你的任务喽。如果别人教你做，那就不能证明你的真心了。不要再开玩笑，把你想体贴她、照顾她的内心用行动表现给她看看。"

但是小英啊，你怎么没有答复呢？

🔍 真相放大镜

为什么到了青春期，会对异性产生兴趣呢？

这是正常的，没有必要觉得奇怪。

这是因为青春期性激素分泌得多，对异性的好奇和对性的好奇心就会增强。

为什么告诉大人有了男朋友或女朋友,他们就会担心呢?

健康的异性交往可以使日常生活愉快,会对成年后的生活,比如到了结婚的年纪选择配偶等带来好的影响。

但是,和异性朋友在一起,有时就会想抚摸、想亲吻。有些孩子因为好奇还想发生性关系。对性还很懵懂的青春期,仅凭好奇心就和异性朋友发生性关系,这种没有充分准备好的行为会带来很多问题。

❓ 我的好奇心

和异性交往就会发生性关系吗？

虽然并不是肯定会发生那样的事情，但对性好奇心强烈的朋友会提出种种理由来要求的。

"长大了会和你结婚的。我们做一次吧，不相信我吗？"

"交往的话都会做的。"

"那是什么感觉呢，不想体验一下吗？"

"像电影中的那样做一次吧。"

"我朋友和他的女朋友都做过了，我也想做。"

"不做的话就分手吧！"

自己喜欢的人求自己，却断然说"不行"，这的确是很难的。

但是，因为一时的冲动或好奇而发生性关系的话，可能会带来不负责的结果，许多人会后悔。所以，不要随便和异性发生性关系啊！

展望一下未来的性关系

请思考下列 5 个问题,然后回答。

1. 我什么时候可以和异性发生性关系呢?

要想想对自己的行为有没有做好心理准备,能不能获得父母或朋友的认可,对以后会发生的事情,在经济上、社会上、精神上能不能负起责任。

我已经做好为自己的行为负责的心理准备了吗?

2. 我想在哪里发生性关系?为什么决定是那里?

要想想那个地方是否卫生,是否让人心里舒服,是否是双方希望的地方。

3. 我想和谁发生性关系?

要想想对方是否得了传染病或性病,如果怀孕了要怎么应对,双方的想法是否一致。

4. 我想有什么样的性关系?

如果要想获得愉快的体验,就要在事前想想双方都需要什么,怎么来避孕,了解避孕都有什么方法等。

5. 发生性关系的理由是什么?

要想想只是为了生孩子,还是只是为了享受快乐,或是为了告诉对方自己爱对方。

我为什么想发生性关系呢?

09 理直气壮地告状！
自慰行为

"怎么这么吵？小俊和小亮到走廊里来！"

老师的脸像即将喷发的火山熔岩一样涨得通红，因为平时像亲兄弟一样相处的小俊和小亮在教室里翻滚着厮打起来。

小俊的手上举着一本杂志，翻滚时，随着双手的摇晃，就能看到封面上一团肉色的图晃来晃去。

"这是哥哥的，还得悄悄送回去呢！"

小亮不以为然地说道：

"又不是新的，至于那么敏感吗？看起来很旧了，放不放回去，你哥哥也不会发现的。"

"那你把撕掉的拿出来，得重新粘上！"

"哼，真不要脸，是你自己想要吧？"

"笑话，把我看成什么了，还朋友呢，随便弄坏别人的东西！"

周围的同学们看到吵架不会马上结束,就想劝阻,可是小俊和小亮个子高、块头大,想拉开他们可不容易。

"那个,同学们……老师要来了……"

班长说了一句,但是两人根本不在乎。这时,小亮脱口说了一句。

"还自慰呢,说谁啊!"

正在围观孩子们的表情分成了两种。明白那句话是什么意思的孩子们目瞪口呆，呆呆地望着小俊和小亮，剩下的孩子们面面相觑。

这工夫两人抱在了一起，互相抡起了拳头。一会儿是小俊被压在下面挨小亮打，一会儿是小亮被压在下面挨小俊打，就这样翻来覆去地互相抡着拳头……

现在，两人正在握手，被迫在老师面前表示友好，表情都不是很好。两人真的还会成为朋友吗？

成长日记　　　小英

　　两个打架的同学脸肿得很厉害，妈妈看到后就问我发生了什么事。我从头到尾说了一下。我觉得很严重，可是妈妈却捧腹大笑，高兴地说我有了喜欢的人了。

　　见我表情一直阴沉，妈妈问我是不是又不喜欢那个人了。

　　不知从什么时候开始，他不再对我恶作剧了，和我对视的时候会不好意思地避开，我还以为是喜欢我呢，但是不是那么回事。爸爸说男孩子不善于向喜欢的女孩子表达，所以才恶作剧，我还相信了呢。

　　可是今天才知道，那阵子取笑我胸大是因为看了黄色杂志。不是看见我不好意思，而是看到我的胸部产生了奇怪的想法。

　　可是，妈妈却说因为性好奇心看黄色杂志或自慰是很自然的欲求。

"男孩子到了青春期，性好奇心就会旺盛起来。女孩子因为羞耻心，比起暴露的照片和录像，更喜欢看长得帅的歌手或演员。"

我的想法和妈妈不同，我不认为自慰是自然的欲望。那不是自己抚摸自己的身体嘛。但是，妈妈接下来说的话让我大吃一惊。

"小宝宝也有自慰行为呢。"

小宝宝抚摸自己的性器官或在大人的大腿处蹭来蹭去，这种行为不是因为某种不满足，而是很正常的。

连小宝宝都自慰，这不能不让我改变想法。我们班男孩子们也有自慰行为吗？女孩子也有吗？我小的时候也做过吗？又不能问妈妈。想不起来就当我没做过吧。

🔍 真相放大镜

什么是自慰？

男性和女性发生性关系时，会有一种令人愉悦的特殊感觉，这种感觉叫作"性高潮"。

自己抚摸自己的性器官也会产生类似的感觉，这种行为就叫作"自慰"。

因为是私下的、隐秘的行为，所以做的时候不能让别人看到。

体内精子饱和，就会通过遗精排出体外。

自慰是令人羞愧的行为吗？

如果不是不卫生，不是习惯性地经常做，自慰后不会深深地自责，不至于性器官受损，就一点儿也不奇怪。

❓ 我的好奇心

自慰后会后悔，怎么才能不做呢？

自慰行为不是罪。不管怎么努力，不去想性是不可能的，所以不用太伤脑筋了。如果因为总是想起性方面的东西而难过困扰的话，不妨想想总有一天会遇见妻子或丈夫，和他们的性关系将会是最美好的。如果这也不行的话，可以尝试一下打篮球或踢足球这类剧烈的运动或演奏乐器等，做一些可以集中精力的、有趣的事情。

女性也会自慰吗？

不论男女都会感觉到性欲和快感，所以女性也一样会有想自慰的心理。无论男女老少，都可能发生自慰行为。

每次做梦都会遗精吗?

遗精是指在睡梦中得到性快感,然后将精液排出体外。这是调节性欲的自然现象,并不是只有做淫秽的梦时才会发生的。

具有正常性能力的成年男性如果没有通过性行为或自慰将精液排出的话,一个月会有2~3次的遗精。没有遗精的话,精液就会被睾丸或前列腺吸收掉。

女性也会遗精吗?

女性也会在睡梦中向体外排出体液。

只不过因为体液很快就会干掉,所以并不清楚有没有分泌体液。

男性会在没有性行为经验的青春期或性行为不多的时候遗精。与之相反,女性会在可能进行性行为的年龄发生这种现象。

10 请守护我
性暴力预防法

"啊!"

瑞贤和詹妮大叫着冲进教室里来。

小琳和小英匆忙靠过去问道:

"发生了什么事?有坏人追过来了吗?"

"不是,比那个更糟呢!"

孩子们闹哄哄地涌到了瑞贤和詹妮的身边。

瑞贤突然支支吾吾的,不想说了,扫了周围等着回答的同学一眼,看到了他们渴望的眼神,詹妮最终鼓起勇气张了口。

"那是……我们俩一起往学校走,突然出现了一个叔叔,一下子拉下了裤子。啊,怎么办啊,都看见了呢!"

詹妮的话一说完,瑞贤好像又想起了那场面,哭着一屁股坐到了地上。

这时小正扑哧一笑,说:

"我还以为遭受了性暴力呢!"

女孩子们都很不喜欢小正,因为他说话总是很刻薄。

小英一个箭步走向前,冲向了小正,想抓住他的衣领。

小正吓坏了,向后大退了一步。

"不是就拉倒呗,至于吗?又不是你看到的。"

小琳也冲了上去:"你说得太过分了!"

在远处看着的小俊补充了一句：

"对啊，你做错了，快道歉吧。"

同学们也纷纷议论起来。

"他这人就是嘴巴有问题。"

"该说不该说的都搞不懂，就因为这样，女孩子才讨厌他。"

陷入窘境的小正一边往教室外面挪，一边说道：

"对不起，真的对不起，失言了，真的对不起……"

突然，咣当一声，他一屁股跌坐在了地上。原来是老师出现了。

"哎呀，没事吧？"

小正像老鼠找老鼠洞似的回到自己座位上坐了下来。然后，很长时间没有抬起头来。

成长日记

不过是无心说了一句，没想到班级的同学们都生了气了！

其实，那变态叔叔也没有追过来纠缠她们。跟那样的事比起来不是很幸运嘛，以后要小心这张嘴了。差点儿把全班同学都搞成敌人了。

到底为什么会有那种大人呢？不觉得丢人吗？

虽然都是男人，但是不能理解。朋友们虽然会觉得失言的我很不像样子，但是其实我也很担心。前一阵子，我在新闻中看到了校园里性骚扰犯或性暴力犯在校园里随意行走，并怂恿孩子做坏事的新闻呢。

怎么会发生那样的事情呢？为什么孩子们没有寻求帮助呢？是不是坏人们使用了凶器呢？要是我也遇到那样的事情怎么办呢？

偶尔会在黑天不顾妈妈的唠叨，去外边和邻居小伙伴们一起在操场打篮球或踢足球。现在看来，妈妈不是平白无故地担心啊。

我还对妈妈发脾气，真是太过分了啊。

妈妈，对不起。

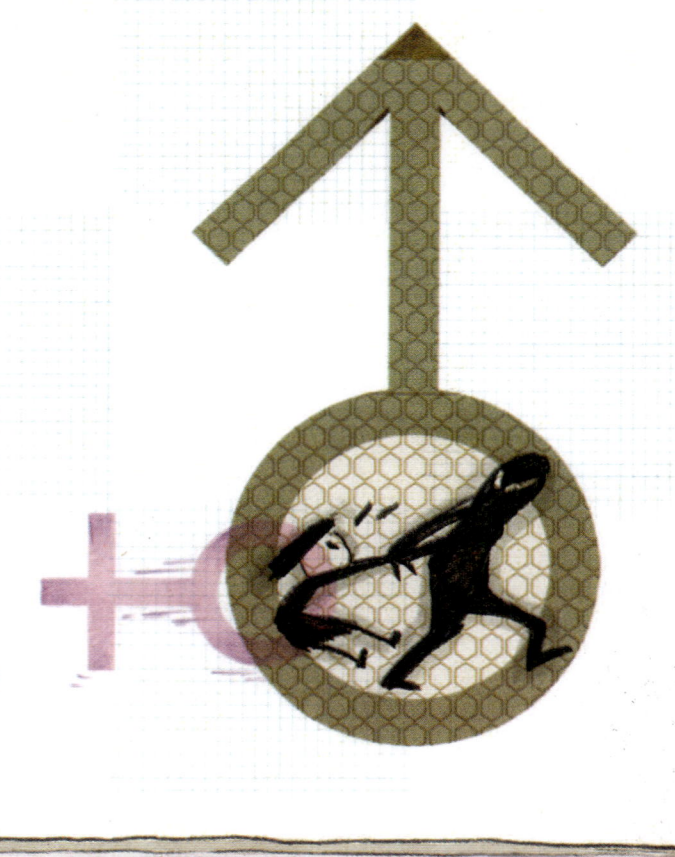

🔍 真相放大镜

为什么有人会把自己的隐私部位露给别人看或随便对待别人的性呢?

成人中有一些人,性观念存在问题,因为他们不清楚自己的身体有多么珍贵。

这些人为了感受强烈的性兴奋,就在陌生人面前暴露自己的身体,对特定事物、衣服、幼儿、老人、动物、尸体或脏东西产生性冲动,相信只有自己或对方感觉痛苦的性行为才是好的。

这种非正常的性行为叫作"性变态"。

性观念有问题的人可能做哪些坏事呢?

"性暴力"是指通过暴力或胁迫强行发生性行为,也包括让经受的人感觉到性耻辱或厌恶的行为。性猥亵是指抚摸或揉捏胸部和臀部等性器官或暴露性器官等行为。性骚扰是指不顾对方意愿抚摸对方身体或开黄色笑话,搂抱或亲吻等行为。

我的好奇心

为什么会患上性变态？

性变态通常由小时候所受到的冲击所引起。在孩子需要大人照顾的时期受到刺激，或偶然看到父母的性行为，或突然离开妈妈生活不能充分地得到妈妈的爱……有些人就会因此在心理上产生问题，逐渐发展成性变态。

什么样的人可能会以儿童为对象进行性暴力呢？

一直独自生活或已婚但夫妻关系不和谐的人，因为很难和成人顺利地发生性关系，当他们想要与别人发生性关系的时候，就会以儿童为对象进行性暴力。小时候遭受过性暴力侵害的人也可能会成为罪犯。

为什么要对陌生人保持一分警惕呢?

以儿童为对象的性暴力犯罪者,往往会通过各种各样的方法引诱孩子,比起使用暴力和威胁,他们更愿意用送小东西或请求帮助等方法让孩子和自己亲近。

孩子们平时所受的教育告诉他不理睬需要帮助的人或对人不亲切是不正确的行为,所以通常不会拒绝。特别是看上去很亲切的人,更容易取得孩子们的信任。

所以善良的孩子更加不会怀疑,会很想帮助他人。

另外,研究发现,70%的受害人都是被认识的人伤害的,所以一定要小心熟人。

小朋友,能带我到业主中心吗?

四 预防性暴力的方法

1. 外出时要和父母一起出行,或者和朋友一起结伴而行。

2. 选择安全的上学路线,并事先了解好能够得到帮助的地方。

3. 家里来陌生人的时候,如果父母或大人不在,一定要打电话得到家人的允许才可以开门。

4. 陌生人请求帮助,或者要买好吃的给你,或者要给你礼物,可以拒绝。如果别人做出你不喜欢的行为,要断然说出"我不愿意""我会告诉爸妈的",正确表达自己的想法很重要。

5. 告诉父母一天里发生的事情，开心的事情自然要说，但是不舒服或者不开心的也要说。

经历了奇怪的事情也一定要和父母或者老师说啊。

6. 和朋友出去玩的时候，一定要提前告诉父母，并得到允许。

7. 即使是朋友，也不能让其随便抚摸身体，或者不经允许随意拍照。

8. 和父母一起制订网络使用守则，要切断不良信息来源。